# MONTAÑAS MENGUANTES

# MONTAÑAS MENGUANTES

## SEBASTIÁN RAMÍREZ

Número 528 de la Colección VALPARAÍSO DE POESÍA
dirigida por FEDERICO DÍAZ-GRANADOS

Diseño de colección y portada: Chari Nogales
Maquetación: Carlos Henson

Primera edición: noviembre 2025

© De los poemas: Sebastián Ramírez
© Diseño de portada: Jennifer Villacres

© Valparaíso Ediciones
  C/ Fray Leopoldo, 7 bajo, 18014 Granada
  www.valparaisoediciones.es

  ISBN: 979-13-87538-71-2
  Depósito Legal: GR 1566-2025

  Impreso en España - *Printed in Spain*
  Gráficas Gami

*El papel utilizado para la impresión de este libro está calificado como papel ecológico y procede de bosques gestionados de manera sostenible*

*Para Sua Castro Pinzón y para Jennifer Villacres*

# PRÓLOGO

La muerte aparece como un aguacero repentino, inundando los valles de lo cotidiano con su presencia obligatoria. Aunque entendida desde la niñez, su realidad solo se materializa cuando invade a quienes más amamos. No solo trae consigo la ausencia, sino también el peso existencial de la finitud. Sin embargo, esas aguas frías no son solo un lugar de naufragio: pueden convertirse en manantiales que nutren la vida en las montañas.

Es el agua la que sustenta las **raíces** que permiten florecer los frutos. Así, la **inundación** de la muerte empuja tanto a los mares como a las montañas, creando un purgatorio entre ambas. En este espacio liminal, los **anhelos y temores** se entrelazan: el deseo por lo ausente y el miedo de perder lo que aún queda. Este juego de emociones revela lo que realmente importa y nos impulsa hacia altitudes inexploradas.

En estas montañas menguantes, los destellos de éxtasis emergen. Aquí, el dolor se transforma en amor, y el frío en consuelo. Las raíces del pasado, la lluvia de la ausencia, y los anhelos del futuro se unen en un viaje que culmina en la **trascendencia**: la única fuerza capaz de dar sentido al peso de la muerte.

# PRIMERA PARTE: RAÍCES

# RAÍCES

Los recuerdos son dulzura
como también amargura;
el otoño que marchita
esa abundancia exquisita
regalada en la cosecha.

Pero también hay ternura
cuando llega la abertura
de los troncos y las ramas
pues es allí cuando más
se revelan las raíces.

# MATERNIDAD

Arde el rubús sin perder sus hojas,
mas su fruto precioso no se pierde.
Llamas que brotan como flores rojas
para ese viajero que recuerde
aquellas agridulces paradojas.
Porque no es ligero el comprender
que el dolor inmenso puede caber
en el pequeño vientre que ese día
ofreció al fruto de su alegría
una oportunidad de florecer.

# TORRES

Rompen el alto cielo tres torres de piedra,
ruinas rendidas al peso del tiempo.
Cuando antaño permitió a quien creciera,
algo se ofreció a quien permaneciera.
Pero la cabeza se ha perdido,
y el cuerpo, desvalido,
ha corrido sin sentido.
Las grietas de la roca,
¿de qué se alimentan?
¿Sabrán acaso los secretos dichos?
¿Habrán presenciado los besos prestados?
Grietas pequeñas, poco sabrán
de las historias que ahora consumen.
Mas, a pesar de todo,
queda la estructura que las une.

# ESCALERAS

Escaleras bajan del cielo,
descansan junto a ese ciruelo
que abuelo plantó con anhelo
en los días de mi niñez.

Pero ya se me han agotado
los cuentitos que me ha enseñado
de cómo llegar a un tratado
con la escasez de la vejez.

Si da pena no haber querido
a ese viejito tiple herido
ya que le debí haber pedido
un último juego de ajedrez.

# ESPERANZA

Un cajón con perlas blancas
revela un recuerdo tierno
del precioso amor materno
que nos mecía en las bancas.
Tus palabras fueron francas
en ese viejo momento
cuando hablaste suavemente
ofreciendo sutilmente
tu tiempo como alimento
para nuestro sufrimiento.

•

# VOZ

Aún resuena tu voz
en el eco de mis labios
que con sus calores tibios
susurran dulces motivos
tratando de invocarte a vos.

Aunque no puede mi boca
replicar en esta época
esa dulzura y ternura,
pues me inunda de amargura
la ausencia que desemboca.

## EN LA MANCHA

Esos cuentos de La Mancha
bien resuenan cual galope
hoy que ya se aborda el tope,
de la insistente avalancha
Mas se hunde, como ancha lancha,
la ruin convicción moderna:
de la muerte del Quijote
derrotado por el jote,
aquella ave que gobierna
lo oscuro de la caverna.

Pobre todo el desdichado
que aún no se haya enterado
que volvió la caballería
a llenar de valentía
el campo desolado.
El emperador siniestro
que disfraza de molinos
a los males asesinos
temblará con aquel diestro
que luchará por lo nuestro.

# COCUY

Hoy me invade el viento frío
de aquella lejana cúspide
que conquistamos hace años.

Hoy me invaden los recuerdos
de la nieve en el Cocuy
que sigue inmaculada
congelando la ironía
de haber sido tan apático.

Hoy me invade como río
la imagen de tus dos manos
manejando ese volante
de tu amado carro azul
mientras me dormía atrás.

Hoy me ciega la borrosa
neblina que carga el tiempo
que lentamente borra
las memorias de tu rostro.

# SEGUNDA PARTE: LLUVIA Y AUSENCIA

# LLUVIA

Las nubes caen disueltas
en incontrolables gotas
que sutilmente agotaron
las corrientes que arrasaron,
culminando en la creciente.

Aquella agua fría llena
los recuerdos de la pena
que inunda el presente
con el paso culminante
de los ecos del pasado.

# INUNDACIÓN

Los ríos de neblina ahogan la ciudad.
Pero la ciudad no está vacía;
está llena de recuerdos,
momentos irrepetibles con personas que no encuentro.

Así de pesado es el tiempo pasado:
sin misericordia con los vivos.
La lluvia cae sobre techos llenos de huecos y
se inundan los espacios,
espacios con nombre y con restos.
Espacios que, aunque vacíos,
siguen ocupando sus cuartos en casa.

Toda la tierra se vuelve foránea
cuando el hogar está hecho en caricias,
y no en cimientos. Siempre viene la lluvia.

Brotan las aguas desde el suelo,
y la ciudad se inunda,
pues siempre viene la lluvia.

# JARDÍN DE ACACIAS

El tiempo tacaño tiene tabernas
llenas de los ebrios olvidados.
Perdidos frutos engañados,
persiguiendo el dulce néctar
de oportunidades perdidas.

Tinta tachada tiesamente tabula años consumidos;
esfuerzos sin destino que se chamuscan.
Recuerdos perdidos sin dicha o desvelo.

Pues es tirano el tiempo al talar las acacias sembradas en tierras
    secas,
cuando caen botones perdidos que nunca florecieron.
Semillas secas, nunca plantadas, nunca consumidas.

Fueron pocas las oportunidades que tuvimos para florecer,
cuando al fin nos alcanzó lo inevitable.

# INVIERNO DE GALLO

Bienaventurados los que lloran,
pues ya viene la tormenta con su nieve.
Las nubes grises y relampagueantes avanzan;
las montañas devoran almas perdidas.

Bienaventurados los que lloran,
aunque pese lo que ha sido.
Pues pareciera que en la tierra faltara
jardín que no haya sido profanado
con lo innombrable.

Bienaventurados los que lloran,
¿no es la indiferencia más ruin que el dolor?
Acaso no hay más vida en tres lagrimas secretas
que en el placer estéril del silencio.

Bienaventurados los que lloran,
pues ellos serán consolados al amanecer.

# VERANO DE ÁNIMAS

Fue en el día del Solsticio
cuando vino la triste ánima,
buscando con su lástima
a ese ya olvidado oficio.
Rogando por mi servicio
imploró el sombrío espanto
que le regalara un llanto
para mezclar nuestras penas
y con una gota apenas
se fue cargado de encanto.

# ASÍNTOTA

Son siluetas mis palabras,
se reflejan a lo lejos,
fragmentos de pensamiento
que no logran el encanto
que se prometía adjunto.

Así que nunca te he dicho
un pensamiento completo.
Es por eso mi querida,
que mi alma se siente herida,
pues estoy lejos de ti.

Alejado por las sombras
que separan nuestras lenguas,
que mojadas sin paraguas,
buscan tan desesperadas
encontrarse antes del fin.

# LUZ DE LUNA

Dejaste la habitación,
fue una noche fría y desvelada.
El viento rugió fuerte.
La ventana desamparada
apenas pudo contenerlo.

Un tenue destello alumbraba
orquídeas marchitas
de morado indistinguible
que marcaban el tiempo perdido.

El silencio se alió con la oscuridad
para llenar de ausencia
esa pequeña habitación.

Pero la luz de luna,
generosa en su ambición,
alumbró en un rincón
esa pequeña suculenta
que tendiste con amor.

# MONSERRATE

Desde la montaña bajan
la neblina y el insomnio,
llenando de noche toda
la ciudad.

Los edificios y las
casas son sumergidas
en un mar de pensamientos
incompletos.

Pero la ciudad está
vacía, sólo estoy yo.
Sin tragedia ni celebración,
observando la creciente.

No hay punto alto en Bogotá
que pueda escapar
las aguas que caen de
Monserrate.

Y bajo la noche que no
tiene estrellas, siempre habrá
un náufrago eterno,
perdido en esta ciudad,
sin sueño, entre montañas
y aguas frías.

# TERCERA PARTE: ANHELOS Y TEMORES

# ANHELOS

Como cangrejos de playa
se me asoman los anhelos
buscándote en amplios cielos
mientras el deseo estalla.
Esperando que pronto haya
tiempo de verte un poquito
se rindieron decididos
a esos anzuelos tendidos
para darse a tu apetito
en un mercado de Quito.

# LEVIATÁN

En las más profundas aguas oscuras
se encuentra el Leviatán,
reptil de escamas plateadas,
titán de inmensa sombra.
Pero las aguas profundas esconden ciudades modernas;
allí se mueve el Leviatán,
atravesando catatumbas hedonistas.
Hipnotiza con su canto al deseo codicioso,
gobernando corazones asustados,
alienados hacia su perdición.
Su veneno ciega los ojos,
perdidos en la bruma del vacío.
Atrapados en su propio dolor,
la tiniebla andante invade
pesadillas fracturadas.
Así, el Leviatán aguarda, eterno entre sombras,
cazando el miedo desprevenido
de los extraviados.

## CISMA DE ORIENTE

Querida mía, ¿cómo quieres que siga,
si con tu partida se me fue el aire?

Hay sangre sin vida que corre en un cuerpo incompleto.
Pues tú eres hueso de mi hueso y carne de mi carne.

Tú también extrañas mi cuerpo.
Te veo jadeando a la distancia,
buscando tu otro pulmón.

Los dos sabemos que nuestras ausencias son cortas,
y que la distancia tiene sus días contados.
Pero eso no cambia la certeza amarga
de que hoy cargo con lo que sobra,
y tú suspiras por lo que falta.

## PRIMAVERA SECA

Fue temprano en primavera,
cuando en mi árido deseo
hallé el poso de madera
que sobrevivió al saqueo.
En las sombras resaltaban
como perlas azuladas
las tres gotas que quedaban
de lo que eran dos quebradas.
Cuánto extraño ese elixir
que brotaba de tus labios;
hoy, muy hambriento, he de sufrir
de aquella llovizna de agravios.

# LA FORMA

La Forma llegó en la mañana.
Usaba su ropa y hablaba su voz.
Cargaba su pelo, vestía su piel, y llevaba su nombre.
En cualquier rincón, buscaba mi atención desesperadamente.
Pero solo me atreví a verla de reojo,
pues no era ella.

Era la mañana,
y sí, llevaba su ropa y hablaba su voz.
Pero no era su pelo, ni era su piel, ni sabía pronunciar mi nombre.
Desesperada gritaba pidiendo miradas, pidiendo palabras, rogando
    atención.
Corrí a casa,
pues no era ella.

Y esa misma mañana,
ella estaba en casa con su ropa y su voz,
llamando mi nombre mientras se cepillaba el cabello.
Pero así la buscara en todo rincón, nunca me miró, ni me dio atención.
Solo me miró de reojo,
y salió corriendo.

# RIBERAS

Fui náufrago venturoso
pues fueron tus dos caderas
las dos preciosas riberas
que dieron fin al desastroso
surcar del mar furioso.
Fue allí donde me ofreciste
con tu palabra agitante
de las aguas necesarias
para quitar esas agrias
memorias de no tenerte.

# PLAYA

Rompiendo el largo silencio
llegan olas de recuerdos,
chapoteos tartamudos,
del pasado y su bullicio.
Así me inunda el aprecio,
por las imágenes costeras,
esas en otras fronteras
donde encontramos aquella
medusa rosa en la playa
sin lograr salir impunes.

# PERSPECTIVA

Quisiera poder ver desde
tus lindos ojos castaños
las nubes pasar como años
para así encontrar dónde
te escondes cuando está tarde.

Quisiera hallar el lugar
donde pueda conjugar
un alivio a tus pesares
que náufragos en mares
ya no se han de fatigar.

# MOUNT YAMNUZKA

En la altura exuberante
de aquel pico rocoso
llegó mi deseo ansioso
que buscó pronto encontrarte.
Pero fue en aquel errante
momento frente al risco
que llegó el viento brusco
que tumbó a todo árbol
y arruinó el lindo trébol
que te guardaba en el peñasco.

# CUARTA PARTE: LA TRASCENDENCIA DEL CONSUELO

# TRASCENDENCIA

La indiferencia que brota
de las piedras olvidadas
no refresca las fachadas
de la agonía remota
que la arena dejó rota.

Pero no son esas rocas
lo que invoco cuando tocas
sutilmente mis pesares;
es así que como mares
en mis sierras desembocas.

# RESURRECCIÓN

Cuando llegué a la hoguera,
cargando viejos lamentos,
hallé los dulces acentos
que anuncian la primavera.
Así brilló, desde afuera,
la imagen del amor vivo,
que liberó lo cautivo
y disolvió la penumbra
de mi dolor subjetivo.

# BALLINTUBBER ABBEY

El viento rugía fuerte
en esa fría pradera
donde la abadía espera
al viajero con su suerte.
Mas aquella ruina inerte
se quebró con tu sonrisa
que como campana en misa
llamó a la oveja presente
que te miraba de frente
cuando el sol templó la brisa.
Y así, las nubes se abrieron,
se reveló lo profundo
del oscuro verde oriundo
que los ojos descubrieron.
Los fríos vientos se fueron,
rendidos a la ocasión.
Pero en aquella función
quedé yo, cordero atento
un espectador contento
de la hermosa creación.

# MANGLAR

Donde las aguas se abrazan
descansa aquel mangle blanco.
Allá en su antiguo tronco
se encuentra el agua y la sangre,
con el dolor y lo alegre.

Pues como la sal se endulza
con el encuentro del mar
y los ríos, a colmar
a cualquier mal que se quiebre
con el viento culminante.

Entonces sí son sagradas
las aguas y las raíces,
y el culminar de matices
donde cambian los dolores
a las promesas de amores.

# MUERTE ETERNA

Está el espacio lleno de ausencias,
pero hasta la Ausencia tiene nombre.
Así la nada se convierte en algo sin potencia,
la distancia entre lo que es y lo que pudo ser.

La muerte, entonces, continúa.
No es un cambio discreto,
sino un proceso que se alarga,
siempre más distancia, siempre más tiempo.

Desintegración sin fin,
como polvo que se disuelve al viento.
un nombre que se borra,
un rostro que se apaga,
y la memoria que se desvanece.

Pero si la muerte es eterna,
también es un abrazo,
y una firme promesa
a quien pueda aceptarla,
y ahí encontrar la vida eterna.

# LA RESURRECCIÓN DE LA CARNE

Vendrá la muerte por esta carne y por estos huesos.
Hoy vendrá la muerte, vendrá en treinta días, y vendrá en siete años;
y yo soy nombre y soy carne y soy huesos.
La materia y la memoria son frágiles.
Es inevitable la descomposición y el olvido,
pero la eternidad no se encuentra en la frontera del fin.

Yo soy nombre y soy carne y soy huesos.
Soy memoria y voluntad,
voluntad en carne y en hueso.
Es así como soy concreto, y es así como soy abstracto:
una intersección entre materia y voluntad.
Como un momento fuera del tiempo,
la eternidad no se encuentra en la frontera del fin.

Hoy que ya vino la muerte por mi nombre y por mi carne,
hoy soy memoria y voluntad.
Soy memoria y voluntad porque di mi carne, mi nombre y mis huesos
y soy hoy, pero no mañana.
Y ya la muerte se acerca,
a cobrar su victoria al hueso y a la carne.
Pero será corta la victoria del sepulcro,
pues la eternidad no se encuentra en la frontera del fin.

# COTOPAXI

En ese páramo estrellado,
las nubes cruzan la planicie;
un conejo, bien abrigado,
huye sobre la superficie
en esta noche sin neblina.

Es en esta altura, mi vida,
que conecto esta bestial
sed que invade mi llanura árida
con aquella agua manantial
que brota de tus labios andinos.

Será en el Cotopaxi donde,
abrigado como aquel conejo,
encontraré la laguna grande,
que refleja como un gran espejo
tu vivo color de chuquiragua.

# UN RÉQUIEM DE OTOÑO

Subí a la montaña, lleno de emoción.
Los colores y sonidos del otoño se apoderaban de mí.
Fue ahí que la brisa llamó mi nombre con un suspiro sutil.
¿Qué he de haber hecho después de escuchar mi nombre en un bosque
vacío?
No pudo estar vacío. El mundo es demasiado rebosante para permitir tal
soledad.
Y es verdad que estaba de luto. Estuve de luto desde antes de su muerte.
Pero ese día mi luto llevaba su nombre; había sido un año completo.
Pero mi dolor fue confundido, pues estaba consolado.
Me senté y descansé. Tuve un poco de miedo.

Una hoja cayó delicadamente.
Esa hoja cayó con mucha gracia, como una caricia.
Y al fin aterrizó en mi cabeza. Ahí se selló mi posición.
Mi aventura se arruinó. ¿Cómo podría moverme si la hoja llevaba todo
su peso?
Mientras me tendía en el piso respiré profundamente, y de manera
natural dije el nombre.
La montaña entera reposó en abrupto silencio. Se sintió como un
levantamiento.
Y una revolución sí tomó lugar, pues toqué la madera.
El dolor continuó, y se sintió caliente.

Me paré y encontré el camino.
De esa manera regresé, aunque distinto.
Los colores y los sonidos se tornaron abrumadores
En ese momento la brisa ya no decía, sino que gritaba mi nombre.

Corrí. ¿Cómo podría no correr después de tocar la madera y sentir su peso?

Solo pensaba en lo que significaba. ¿Cómo explicarlo? Debo de ser como el trigo.

Y así he de servir mi luto en un plato. ¡Qué necio pensar que era propio!

¿Cómo pudo haber sido mío si todo amor es prestado?

No es mi dolor, pero lo sostengo como un regalo.

Mis bolsillos se vaciaban, y yo me llené.

# ÍNDICE